# Die Prügelstrafe.

Von

**Dr. Ernst Feder,**
Rechtsanwalt.

Berlin 1911.
J. Guttentag, Verlagsbuchhandlung,
G. m. b. H.

# Inhalt.

# Vorbemerkung.

Der Beginn der neueren Bewegung zugunsten der Prügelstrafe in Deutschland kann an die Schrift Mittelstädt's „Gegen die Freiheitsstrafen" (1879) angeknüpft werden, die auch für die Prügelstrafe eine Lanze brach und den Hauptgegner dieses Strafmittels in dem „weichlichen, mattherzigen Humanismus der letzten Jahrzehnte" zu entlarven suchte. Das seitdem häufig aufgegriffene Schlagwort ist nicht neu. Genau hundert Jahre früher empfahl der preußische Kriminalist Klein seinem „empfindlichen Zeitalter" die Strafe der körperlichen Züchtigung, deren Verwerfung „mehr Weichlichkeit als nachdenkliche Menschenliebe" verrate. Der Unterschied, daß die Prügelstrafe hier zur Milderung eines zu harten, dort zur Schärfung eines zu milden Strafensystems vorgeschlagen wird, bezeugt, daß auch die Prügelstrafe dem Zweckwandel der Rechtsinstitute unterworfen worden ist. Daß sie in ihrer historischen Entwicklung mannigfaltige Funktionen erfüllt, wurde nicht selten verkannt, und hierauf ist die auffallende Unfruchtbarkeit der über sie geführten Diskussion zurückzuführen. Der Versuch, auch hier „durch Teilung zur Beherrschung" zu gelangen, mag die neue Darstellung des vielverhandelten Stoffes rechtfertigen.

## 1. Kapitel.
# Die humanisierende Prügelstrafe.

In ihrer ältesten Form ist die Prügelstrafe ein Werkzeug der Humanität. Den Strafensystemen, in denen sie vorherrscht, und den Zeiten, in denen sie an Bedeutung gewinnt, drückt sie den Stempel der Milde auf.

So gibt sie einen patriarchalischen Charakter dem chinesischen Recht, dessen Kriminalkodex die Freiheitsstrafe nicht kennt und gänzlich auf der Prügelstrafe aufgebaut ist. Der Familiencharakter dieses gewaltigsten staatlichen Gemeinwesens, der in der großen Anzahl der Familien- und Pietätsdelikte sichtbar wird, ist auch in der wichtigen Rolle des großen und des kleinen Bambus ausgedrückt. Geringer ist ihre Bedeutung im islamischen Recht, in dem sie auf die leichteren Fälle der eigentlichen Verbrechen (der „Rechte Gottes") und neben Freiheitsstrafe auf die kleineren Vergehen beschränkt ist.

In beiden asiatischen Kulturen bezeichnet die Prügelstrafe den erfolgreichen Versuch, den Rechtsbrecher nicht zu vernichten, sondern durch geeignete Zucht anzupassen, den Ersatz des Ausscheidungs- durch den Besserungsgedanken, den wichtigsten Erfolg der Humanitätsidee.

In diesen frühzeitig zur Ruhe gekommenen Rechtssystemen erscheint die humanisierende Tendenz der Prügelstrafe nur in ihrem Resultat. In Tätigkeit sehen wir sie in der Geschichte des beweglicheren europäischen Strafrechts. Das englische Recht, das hier wie anderwärts eigene Wege wandelt, geht den übrigen Völkern voran. Zur Milderung der harten Strafen des Mittelalters wurde die Prügelstrafe auch bei schweren Verbrechen als Klerikerprivileg zugelassen. Der Beweis der Klerikerqualität wurde in der Fähigkeit zu lesen gefunden. Dieser prozeßrechtliche Satz führte zu einer Änderung des materiellen Rechts, da eine wohlwollende Praxis auf diesem Wege das Vorrecht nicht nur dem Geistlichen, sondern auch dem Laien zubilligte, der schreiben und lesen konnte. Übrigens wird schon in einem Gesetz von 1717 Verbannung anstelle körperlicher Züchtigung als Klerikerprivileg zugelassen: so früh hatte die Prügelstrafe bereits ihren Charakter geändert und erschien nicht mehr als die milde, sondern als die zu mildernde Strafe.

Das in der Kriminalordonnanz von 1670 kodifizierte französische Strafrecht macht von der körperlichen Züchtigung wenig Gebrauch. Erst im 18. Jahrhundert taucht in den Deklarationen Ludwigs XV., die das geltende Strafrecht in einzelnen Punkten milderten, auch die Prügelstrafe häufiger auf: so wird der einfache Diebstahl im ersten Fall nicht mehr mit dem Strang, sondern mit körperlicher Züchtigung bestraft; die Galeerenstrafe, die regelmäßig auf Bettel steht, verwandelt sich gegenüber Frauen und Arbeitsunfähigen unter bestimmten mildernden Umständen in Prügelstrafe.

Auch in Österreich wurde die Prügelstrafe zur Humanisierung des Strafrechts benutzt. Das Gesetz über die Verbrechen und deren Bestrafung von 1787, das Produkt des aufgeklärten Despotismus Josephs II., machte von der Prügelstrafe einen ausgedehnten Gebrauch, bestrafte z. B. den Ehebruch, auf den noch nach der Theresiana unter Umständen der Tod stand, nur mit körperlicher Züchtigung.

In dem preußischen Allgemeinen Landrecht von 1794 fand die Prügelstrafe eine Anwendung, die den Vergleich mit dem chinesischen Bambusregiment kaum zu scheuen braucht. Auch seine Verfasser gingen von der humanitären Anschauung aus, daß die bisher überwiegende Gefängnis- und Zwangsarbeitsstrafe nicht selten grausamer sei als die körperliche Züchtigung. Aber diese Humanisierungstendenz kam zu spät, kam in einem Zeitpunkt, in dem infolge des vollzogenen geistigen Umschwungs Vernunft und Wohltat Unsinn und Plage werden mußten.

2. Kapitel.

## Die polizeistaatliche Prügelstrafe.

In dem absolutistischen Polizei- und Klassenstaat des Kontinents hatte die Prügelstrafe eine besondere Bedeutung erhalten. Als Machtmittel in den Händen der Polizei, als Schutzmittel des Staates gegen widerspenstige Individuen, als Repression auch gegen politische Verbrechen, als Nährboden einer ungleichen Behandlung der Stände bekam sie einen politischen Beigeschmack.

Ihr polizeistaatlicher Charakter trat in der Mannigfaltigkeit ihrer Anwendung, namentlich auch bei kleineren und kleinsten Vergehen, zutage.

Diesen Charakter verschärfte die Stütze, die sie in der christlichen Religion fand, teils direkt durch Anlehnung an das mosaisch-talmudische Recht, dessen

Strafmaße mit den Puritanern sogar über den Ozean wanderten und sich noch im heutigen Amerika finden, teils indirekt unter dem Einfluß der katholischen Kirche, in der die Geißelung und andere Formen der körperlichen Züchtigung Mittel zur Erlangung der Seligkeit waren und nicht entehrten, sondern entsühnten.

Die französische Revolution und die ihr vorangehende Aufklärungsliteratur („la révolution déjà en action") bildeten und erzeugten wechselwirkend einen Geist, dessen Ehr- und Persönlichkeitsgefühl das Strafmittel der körperlichen Züchtigung gleich stark widersprach. An dem neuen Humanitätsideal gemessen, war die körperliche Züchtigung nicht mehr die milde, sondern die entehrende Strafe.

In gleicher Richtung wie diese individualistische Tendenz wirkte die antikirchliche Richtung der Zeit, unter deren Gewicht auch die religiöse Stütze der Prügelstrafe zusammenbrach.

Diese geistigen Strömungen waren in Frankreich so stark, daß das Strafgesetzbuch der Constituante von 1791 die Prügelstrafe beseitigte. Von den deutschen Staaten folgte als erster Nassau (1809). In Preußen war 1812 mit der Einführung der allgemeinen Wehrpflicht, der Abschaffung der Patrimonialgerichtsbarkeit, dem Zusammenschluß aller Stände in einer nationalen Erhebung der historische Moment für die durchgängige Beseitigung der Prügelstrafe gegeben. Daß er verpaßt wurde und nur eine Einschränkung stattfand, war eine der vielen Halbheiten, an denen die des beherrschenden festen Willens ermangelnde nationale Erneuerung litt. Einsichtigen Patrioten war der Zusammenhang zwischen Prügelstrafe und dem Zusammenbruch des alten Systems nicht entgangen. Seume urteilte: „Als ich hinter jedem preußischen Bataillon 5 oder 6 Hühnerwagen herziehen sah und den unbärtigen Fähndrich einen Graubart mit Stockprügeln behandeln sah, ward mir für das deutsche Wesen nicht wohl zu Mute. . . Bei Ulm und Austerlitz und Jena hat sich unser Stocksystem in seinem ganzen Glanze gezeigt."

Die politische Energie des deutschen Volkes und die politische Einsicht seiner Fürsten erwiesen sich auch in diesem Punkt als zu schwach. Was in Frankreich der Beschluß der Constituante mit einem Schlage beseitigte, erforderte in Preußen-Deutschland die kriminalpolitische Arbeit von sechs Jahrzehnten.

Der politischen Verkehrtheit der Prügelstrafe entsprachen ihre jetzt hervortretenden kriminalpolitischen Mängel, die in der Unsicherheit des Kriteriums der mit Prügelstrafe bedrohten Tatbestände besonders deutlich wurden.

Feuerbach's genialer Blick entschied bestimmt für das subjektive Merkmal: das bayrische Strafgesetzbuch von 1813 verhängt Prügelstrafe, wenn die Tat Mutwillen oder auffallende Roheit verrät. Die preußische Gesetzgebung, voran Kleins Allgemeines Landrecht, schwankte zwischen subjektiven und objektiven Merkmalen ziemlich haltlos hin und her und fiel schließlich (1847) auf die falsche Seite.

Die Prügelstrafe des Allgemeinen Landrechts hat keinen bestimmten Charakter. Als die milde Strafe eines verschwindenden Humanitätsideals wird sie über Unmündige und Schwachsinnige, als Roheitsstrafe gegen die schwersten Verbrechen, als polizeistaatliche Strafe bei Polizei- und kleinen Delikten, bei Vergehen gegen die Person, endlich als „Willkomm und Abschied" verhängt. Auch der spezifisch politische Charakter fehlt nicht, so in den Fällen des Aufruhrs und der Bestrafung von Personen, die sich, ohne dem Adel- oder Offiziersstand anzugehören, duellieren. So mochte Klein, der die Prügelstrafe als wirksam empfohlen hatte, „wenn sie nur selten erkannt werde", vor den Geistern, die er gerufen hatte und nicht bannen konnte, jetzt selber grauen.

Das Anwendungsgebiet der polizeistaatlichen Prügelstrafe wurde unter Friedrich Wilhelm III. erweitert: eine Zirkularverfügung von 1798 dehnte die körperliche Züchtigung auf alle Beleidigungen und auf weitere Fälle des Aufruhrs, eine Verordnung von 1799 auf Diebstahl, Bettel und andere Delikte, ein Gesetz von 1806 sogar auf Uebertretung der Strom-, Deich- und Uferordnung aus. Der Polizei war im letzten Fall die Befugnis zugesprochen „nach Befinden der Umstände angemessene Leibesstrafen" festzusetzen.

Der Fortschritt nahm im Militärstrafgesetzbuch seinen Anfang. Nachdem das Gassenlaufen schon durch die Kriegsartikel von 1808 beseitigt worden war, bestimmte eine Verordnung von 1811 allgemein, daß gegen Militärpersonen nicht auf körperliche Züchtigung erkannt werden dürfe. Dies galt nur für aktive Militärpersonen. Die Behandlung der beurlaubten und inaktiven schwankte noch eine Zeitlang hin und her. Den Zivilpersonen brachte das Reskript vom 23. Mai 1812 keine völlige Befreiung von der Prügelstrafe: immerhin sollte sie nur für Verbrecher der untersten Volksklasse zulässig sein. Politisch verwerflich wegen der nach russischem Recht und früherer französischer Praxis eingeführten Rechtsungleichheit, doppelt verkehrt in einer Epoche, die an das Nationalempfinden aller Klassen appellierte, ein Rückschritt gegen das

Allgemeine Landrecht, das eine solche Unterscheidung höchstens bei dem Duell machte und dessen Verfasser gerade von der unterschiedslosen Anwendung der Prügelstrafe ihre Hauptwirkung erwartete, ist dieses Reskript kriminalpolitisch ein wesentlicher Fortschritt, weil es das Eingeständnis des unwürdigen Charakters der Prügelstrafe und damit eine Kapitulation der Gesetzgebung vor dem neuen Humanitätsideal enthält.

Den Wandel der Anschauungen bezeugt ein Bericht des Kriminalsenats des Kammergerichts von 1817, der die erwähnte Verordnung von 1799 über Prügelstrafe bei Diebstahl betrifft, eine wirksame Bekämpfung der Kriminalität nur von der wirtschaftlichen Hebung der unteren Volksklassen und einer besseren Volkserziehung erwartet und demzufolge die königliche Verordnung wie folgt kritisiert: „Sei es nun, daß erst die spätere Unglücksperiode dergleichen liberalen Ideen den Weg bahnte, sei es, daß man die augenblickliche Not für zu dringend erachtete . . . so viel blieb gewiß, daß die Zirkular-Verordnung an sie nicht gedacht hat; schwerlich hätte sie sonst die körperlichen Züchtigungen eingeführt, die in keiner Weise vorteilhaft auf die Moralität der Untertanen wirken können."

Während so die Prügelstrafe von dem höchsten preußischen Gerichtshof bereits im zweiten Jahrzehnt des 19. Jahrhunderts abgelehnt wurde, begann mit der allgemeinen Restauration der reaktionären Energien auch auf legislatorischem Gebiet eine rückläufige Bewegung.

Diese Richtung tritt in gleicher Weite bei Einschränkung wie bei Ausdehnung der Prügelstrafe zutage: während ein Reskript von 1827 den Fortfall der Prügelstrafe in allen Fällen anordnete, in denen auf Verlust des Adels erkannt wurde, führte die Militärstrafgesetzgebung der vierziger Jahre das Prügelrecht als Kriminalstrafe wie als Disziplinarmittel wieder ein, wenn auch mit der Einschränkung auf Personen der zweiten Klasse des Soldatenstandes, der Vorschrift möglichster Schonung des Ehrgefühls, Ausschlusses der Öffentlichkeit, vorangehender ärztlicher Untersuchung gleichsam entschuldigende Kautelen beigegeben wurden. Die unter Kamptz ergangene Verordnung vom 17. August 1835 „zur Aufrechterhaltung der öffentlichen Ordnung und der der dem Gesetze schuldigen Achtung" machte auch von „nachdrücklicher Leibesstrafe" ausgedehnten Gebrauch. Ihr reaktionärer Geist spiegelt sich in einer Bestimmung ihrer Ausführungsverordnung vom 30. September 1836, die für diese Fälle des Aufruhrs ein abgekürztes Verfahren einführte: die Verteidiger hatten sich in den zur Akteneinsicht bestimmten Terminen „bei Vermeidung der persönlichen Vorführung" einzufinden.

In den zwei Dezennien (1826—1848) ausfüllenden gesetzgeberischen Vorarbeiten zu einem neuen preußischen Strafgesetzbuch hatte die Prügelstrafe ein wechselvolles Schicksal. Ihre Behandlung gibt mikrokosmisch den kriminalpolitischen Geist der jeweils leitenden Kräfte wieder. Solange der Graf Dankelmann die Gesetzes-Revisions-Kommission leitete, war die körperliche Züchtigung aus dem Strafensystem verbannt. Die Entwürfe von 1828 und 1830 kennen sie nicht. Als Dankelmann starb und ihm Kamptz als Justizminister folgte, tauchte auch die Prügelstrafe wieder auf, zunächst in den Motiven des Entwurfes von 1833, dann in dem revidierten Entwurf von 1833 selbst, und zwar als mannigfaltige Delikte umspannende, auf die

„niedrigsten Volksklassen" eingeschränkte polizeistaatliche Prügelstrafe.

Diesen Charakter gab auch die Kommission des Staatsrats von 1839 nicht auf, deren Entwurf (nach den Fassungen von 1840 und 1842) der öffentlichen Kritik 1843 unterbreitet wurde. Zwar fiel die Einschränkung auf gewisse Volksklassen; doch verblieb dem Strafmittel der weiteste Spielraum. Als Polizeistrafe war die körperliche Züchtigung bei grobem öffentlichen Unfug und in anderen Fällen zugelassen. Als Kriminalstrafe hing ihre Anwendung von dem Ermessen des Richters ab, der „nach den besonderen Umständen des Falles und den persönlichen Verhältnissen des Verbrechers" zu entscheiden hatte. So suchte der Gesetzgeber das Odium des diskreditierenden Strafmittels auf den Richter zu wälzen. Gegen Frauen durfte niemals, gegen Jugendliche bis zu 16 Jahren allenthalben, gegen erwachsene Männer in zwei Gruppen von Fällen auf Prügelstrafe erkannt werden, namentlich (statt geringer Gefängnis- oder Geldstrafe) bei Aufruhr oder ruhestörendem Lärm, mutwilligem Abreißen obrigkeitlicher Verordnungen und (neben Zuchthaus) bei gewalttätigem Aufruhr und Tumult, schwerem Diebstahl, qualifizierter Hehlerei und Räuberei.

Diese Wiederherstellung der polizeistaatlichen Prügelstrafe fand eine nahezu allgemeine Verurteilung. Von den Provinziallandtagen erklärten sich allerdings nur die von Preußen und Rheinland unbedingt gegen den Entwurf, aber die in den Stimmen der Fachmänner (Theoretiker, Richter, Verwaltungsbeamte) und der großen Presse Ausdruck findende öffentliche Meinung verwarf die Prügelstrafe einstimmig. „Von der körperlichen Züchtigung möge nur kürzlich gehandelt werden", erklärte Abegg in seinen „Kritischen Betrachtungen über den Entwurf“, „die allgemeine Stimme hat sich zu entschieden dagegen erklärt“.

Demzufolge schaltete der Entwurf von 1845 die Prügelstrafe aus. Die mit ihm veröffentlichte amtliche „Revision des Entwurfes des Strafgesetzes von 1843“ enthält eine erschöpfende Zusammenstellung der Argumente für und gegen die körperliche Züchtigung und verdient als das wichtigste zeitgenössische Dokument für die Stimmung gegenüber der Prügelstrafe besondere Beachtung.

Die Prügelstrafe wird unter dem Gesichtspunkt der Spezial- wie der Generalprävention verworfen. In erster Beziehung, weil sie der sittlichen Besserung entgegentritt, das Ehrgefühl vernichtet, den Täter verhärtet, zur schimpflichen Tat die entehrende Strafe fügt, den Geprügelten zum Tier erniedrigt und ungleichmäßig wirkt. In letzter Hinsicht, weil sie auch den Prügelnden entehrt, ein beschämend, abstumpfend, verbitternd auf dem Volke lastendes Produkt der Vergangenheit ist, ein Volk im Gegenteil zum Gefühl für Recht und Ehre erzogen werden muß und das preußische Volk für die Abschaffung vollkommen reif ist. Besondere Bedenken werden gegen die Spezialbestimmungen des Entwurfs erhoben: die Rücksicht auf die persönlichen Verhältnisse bahne einer Klassenjustiz den Weg; ein Knabe, der ausgehauen sei, trage den Makel sein Leben lang; neben den schweren Freiheitsstrafen sei die körperliche Züchtigung nutzlos und entbehrlich, bei geringfügigen Vergehen unverhältnismäßig hart.

Die Revisions-Kommission schloß sich den Gegnern der Prügelstrafe aus folgenden Erwägungen an: die

Prügelstrafe, neben der Todesstrafe das einzige unmittelbar die physische Persönlichkeit treffende Strafübel, stehe nicht auf einer des geltenden Strafensystems würdigen Stufe. Sie sei gesundheitsschädlich, ungleichmäßig, entwürdigend für Sträfling wie Exekutor und Richter. Als Zugabe zu harten Freiheitsstrafen ein unnützer Luxus der Strafgesetzgebung, erinnere sie als Strafe geringer Vergehen an das polizeiherrliche Verhältnis. Ihre fakultative Androhung berge die Gefahr der Willkür und politischer Beeinflussung des Richters in sich. Mit der Abschaffung der Prügelstrafe werde nur faktisch anerkannt, „was bereits hinlänglich vorbereitet und im wirklichen Leben als Anforderung der Gerechtigkeit und Humanität aufgefaßt ist“.

Neben diese allgemeinen Gründe trat als besonderer die Stimmung der Rheinprovinz, in der die Prügelstrafe seit der Napoleonischen Gesetzgebung beseitigt war. Schon früher bei Übertragung preußischen Strafrechts auf die Rheinprovinz hatte die körperliche Züchtigung beseitigt werden müssen. Die Kabinettsordre vom 18. April 1835, die die Einführung der preußischen Strafgesetze über Münzverbrechen anordnete, setzte die Ausstellung am Pranger an die Stelle des Staupenschlags. Die Prügelstrafe war der rheinischen Bevölkerung nicht bloß an sich, sondern gleichsam als Symbol des alten überwundenen, durch einen fortschrittlicheren ersetzten Rechtszustandes Gegenstand unüberwindlicher Abneigung. Von der Stimmung der Provinz erzählt Heine, selbst ein Kind der Rheinlande, gelegentlich der französischen Gefängnisreform von 1843: „Die Partisane der körperlichen Züchtigung haben jüngst in den Rheinprovinzen einen Widerstand gefunden, der aus einer Empfindungsweise hervorgegangen, die nicht sehr original ist und leider als ein Überbleibsel der französischen Fremdherrschaft betrachtet werden dürfte" (Lutetia, Anhang). In der Tat wurde von der rheinischen Bevölkerung die Prügelstrafe als so unerträglich empfunden, daß die rheinischen Justizbeamten erklärten, die Mitwirkung bei der Vollstreckung müsse das Richteramt jedem Ehrenmann verleiden, und der Oberpräsident der Rheinprovinz ihre Einführung eine „Rückkehr zu früheren barbarischen Zuständen" nannte. In der Revisions-Kommission und in späteren Momenten der gesetzgeberischen Arbeit wurde offen zugegeben, daß die Einführung der Prügelstrafe in der Rheinprovinz „moralisch unmöglich" sei, ihre Aufnahme in den Entwurf also die Einheit der Kodifikation gefährde. Dementsprechend lehnte auch die Kommission des Staatsrats 1846 die Prügelstrafe ab.

Damit war das Prinzip der polizeistaatlichen Prügelstrafe in Preußen endgültig gestürzt. Zum letzten Mal tauchte die Prügelstrafe in dem Entwurf von 1847 auf. Sie richtete sich gegen männliche Verbrecher, die bereits der Ehrenrechte verlustig waren und wegen Raubes, Diebstahls oder Hehlerei zu einer zeitigen Zuchthausstrafe verurteilt wurden, war also im wesentlichen nach objektiven Merkmalen orientiert.

Offensichtlich entsprang dies Verlegenheitsprodukt nicht einer konsequenten Kriminalpolitik, sondern der Abneigung der Regierung, ein vermeintlich autoritatives Besitztum preiszugeben.

In der Verhandlung des Vereinigten Ständischen Ausschusses vom 24. Januar 1848 blieb der Justizminister v. Savigny, der die Prügelstrafe auch in so fragwürdiger Gestalt von amtswegen vertrat, fast ohne Unterstützung. Gegen wenige Stimmen wurde die Streichung der Bestimmung beschlossen, nachdem der Generallandschaftsdirektor v. Auerswald erklärt hatte, daß der Gesetzgeber sich über die wahren Verhältnisse des Landes täusche, und Pflicht der Stände sei, diese Täuschung aufzudecken.

Die Verhandlungen der Vereinigten Stände wurden durch die Ereignisse des März unterbrochen. Der Druck von unten erzwang 1848, was 1812 die Einsicht von oben nicht gewährt hatte. Am 6. Mai 1848 erging der Allerhöchste Erlaß „betreffend die Abschaffung der Strafe der körperlichen Züchtigung":

> „Infolge der durch die neueren Gesetze allen meinen Untertanen gleichmäßig verliehenen politischen Rechte bestimme ich hierdurch auf den Antrag des Staatsministeriums, daß fortan von Zivil- und Militärgerichten die Strafe der körperlichen Züchtigung nicht mehr verhängt, sondern statt derselben auf verhältnismäßige Freiheitsstrafe erkannt werden soll. In denjenigen Fällen, in welchen eine körperliche Züchtigung bereits erkannt, aber noch nicht vollstreckt worden, ist dieselbe in eine verhältnismäßige Freiheitsstrafe durch die zuständigen Gerichte zu verwandeln."

Bei der Beratung des preußischen Strafgesetzbuchs von 1851 erhob sich nicht eine Stimme zugunsten der Prügelstrafe. Dagegen wurde 1852 auf den Königsberger Verhandlungen der provinzialständischen Versammlung der Provinz Preußen eine Petition an den König beschlossen, die die Wiedereinführung der körperlichen Züchtigung verlangte. Die Verkoppelung dieser Petition mit dem Antrag auf Wiederherstellung des Züchtigungsrechts der Dienstherrschaft enthüllt sie als den durch den Umschwung der politischen Stimmung ermutigten, übrigens erfolglosen Versuch, mit dem absolutistischen Polizeistaat selbst dessen charakteristisches Strafmittel festzuhalten.

Die Geschichte der Prügelstrafe in Preußen ist somit im wesentlichen Bekämpfung und Beseitigung ihrer polizeistaatlichen Funktion, während die pädagogische Funktion in der Diskussion über die körperliche Züchtigung der Kinder gelegentlich gestreift, von keinem Anhänger der Prügelstrafe jedoch der Versuch gemacht wird, sie prinzipiell auf eine andere Basis zu stellen.

Andrerseits macht der Entwicklungsgang der Prügelstrafe die auf die Fassung des Erlasses vom 6. Mai 1848 gestützte Legende zunichte, als sei die Abschaffung der Prügelstrafe lediglich eine Frucht des tollen Jahrs. In Wahrheit hatten die Frucht, die der Sturm der Revolution vom Baum schüttelte, die vorangehenden Dezennien gereift. Auch die Erfolglosigkeit des reaktionären Versuchs von 1852, die Selbstverständlichkeit ihrer Ausschaltung in der späteren legislativen Arbeit bezeugen, daß ihre Abschaffung auf dem breiten Grund einer allgemeinen Volksüberzeugung bei Laien wie Juristen ruhte.

Die Beseitigung der Prügelstrafe in Bayern durch das Gesetz vom 12. Mai 1848, sechs Tage nach dem preußischen Erlaß, ist ebenso zu beurteilen. Bereits in den Strafgesetzentwürfen von 1822, 1827, 1831 war die Prügelstrafe verschwunden, in den Verhandlungen der bayerischen Kammer von 1842 fand sie keinen Verteidiger, nach ihrer Beseitigung durch die Märzrevolution ist sie nicht wieder eingeführt worden. Die Differenz zwischen Volksvertretung und Justizminister, der 1858 bei der Beratung des neuen Strafgesetzbuchs die körperliche Züchtigung als Polizeistrafe beibehalten wollte, endete mit dem Rücktritt des Ministers und dem Siege der Volksvertretung. Das bayrische Strafgesetzbuch von 1861 schaffte die körperliche Züchtigung auch als Disziplinarmittel ab.

In Österreich, sowie in Württemberg und Kurhessen lagen die Dinge anders. In diesen Ländern gab die Regierung unter dem revolutionären Druck des Jahres 1848 die Prügelstrafe auf, bevor eine ausreichende politische Energie der Volksüberzeugung oder der kriminalpolitische Fortschritt ihre definitive Beseitigung garantierte.

Nachdem in Österreich die Allerhöchste Entschließung vom 22. Mai 1848 nach dem Vorgang Preußens und Bayerns die Prügelstrafe abgeschafft hatte, tauchte sie bereits in dem Strafgesetzbuch von 1852 in erheblichem Umfang wieder auf und wurde erst 1867 endgültig abgeschafft.

In Kurhessen, das seiner politischen Verfassung entsprechend der Prügelstrafe eine ungemessene Rolle zuteilte, schaffte das Gesetz vom 31. Oktober 1848 die körperliche Züchtigung ab, während bereits ein Gesetz von 1853 sie im weiten Umfang nicht nur als Kriminalstrafe, sondern auch als Disziplinarmittel und Ordnungsstrafe wieder zuließ. In Kurhessen wurde die Prügelstrafe nicht aus eigener Initiative, sondern erst 1867 durch die Einführung des preußischen Strafgesetzbuchs definitiv beseitigt.

Auch in Württemberg, das durch ein Gesetz von 1849 die Prügelstrafe aufhob, trat sie durch die Gesetze vom 11. und 17. Juni 1853 wieder in Geltung und wurde erst 1868 wieder abgeschafft.

Von den übrigen deutschen Partikularstaaten hatten Nassau, Braunschweig, Baden und Hessen-Darmstadt die Prügelstrafe bereits vor 1848 beseitigt, das letzte wesentlich beeinflußt von Rheinhessen, welches, durch den Code pénal 1810 von der Prügelstrafe befreit, sich ähnlich wie die Rheinlande Preußens gegen ihre Wiedereinführung sträubte und an ihrer Abschaffung als einem wesentlichen Ingredienz seines in der berühmten Landtagsrede Heinrichs v. Gagern verteidigten rheinischen Rechts festhielt.

Die übrigen Einzelstaaten blieben von der revolutionären Bewegung unberührt. In Hannover fiel die Prügelstrafe wie in Kurhessen erst 1867 mit der Einführung des preußischen Strafgesetzbuchs. In Sachsen wurde sie 1868 beseitigt, in Sachsen-Altenburg und in Mecklenburg, das noch in den sechziger Jahren besonders eingehende Bestimmungen über die Prügelinstrumente erließ, erst 1870: durch die Einführung des Strafgesetzbuchs für den Norddeutschen Bund. Es ist bemerkenswert, daß die Prügelstrafe bei den Beratungen des Strafgesetzbuchs gar nicht mehr erwähnt wurde, obwohl sie noch in mehreren Staaten zu Recht bestand.

In den deutschen Kleinstaaten trägt das Strafmittel der körperlichen Züchtigung unverhüllt die bekannten Züge der polizeistaatlichen Prügelstrafe. So war sie in Kurhessen Ersatzstrafe für Gefängnis bis zu 6 Wochen oder Zwangsarbeit bis zu 4 Wochen; gegen Knaben unter 16 Jahren, Mädchen unter 14 Jahren, sowie gegen Diebe, Landstreicher und Bettler immer zulässig, sonst gegen Erwachsene nur, wenn die Straftat eine besondere

Bosheit, Sittenverderbnis, Arbeitsscheu, Genußsucht verriet.

Das Anwendungsgebiet in den sonstigen partikulären Rechten ist dem Kurhessischen durchaus ähnlich.

Die Entwicklung im übrigen Europa und in den lateinischen, teils spanischem, teils italienischem Vorbild folgenden Republiken Amerikas ist eine analoge. Im Laufe des 19. Jahrhunderts verschwand die Prügelstrafe aus den Gesetzbüchern. Die polizeistaatliche Funktion des Strafmittels erhellt aus der Natur der mit der Prügelstrafe belegten Delikte, unter denen die Polizeivergehen häufig, politische und religiöse nicht selten sind, ihr damit identischer politischer Charakter aus der nicht seltenen verfassungsrechtlichen Garantie ihrer Beseitigung (so in Portugal, Schweiz, Ecuador, Transvaal). Auch die bereits beobachtete Priorität des Militärstrafrechts wiederholt sich (Serbien), wovon England als Staat ohne Volksheer eine die Regel bestätigende Ausnahme macht.

Eine besondere Betrachtung ist Rußland und England zu widmen.

In Rußland war die Prügelstrafe bis zum 18. Jahrhundert lediglich eine Form der Todesstrafe. Die humanisierende Tendenz der körperlichen Züchtigung vollzog sich seit dem letzten Drittel des 18. Jahrhunderts mittels allmählicher Ersetzung der asiatischen Prügelinstrumente durch die europäischen, der Knute durch die Rute. Die Batógi tartarischen Ursprungs wurden 1771 abgeschafft, die Knute seit 1785 eingeschränkt. Die in dem Projekt eines Strafgesetzes von 1813 geplante völlige Abschaffung der Knute unterblieb aus der Besorgnis, sie könne im Volk die Ueberzeugung von der Straflosigkeit der Verbrechen hervorrufen. Noch die Gesetzessammlung des Swod Zakónow von 1832 kennt Leibesstrafen mittels Knute, Peitsche, Spitzrute, Rute, Gerte, Stricken. Erst das Strafgesetzbuch von 1846 ersetzte die Knute durch die Plette.

Von entscheidender Bedeutung für die Geschichte der Prügelstrafe wurden Dostojewskis „Memoiren aus einem Totenhaus", eine vernichtende, streng dokumentierte Anklageschrift gegen die sibirische Zwangsarbeit und Zwangsansiedlung, in der die Prügelstrafe einen der Hauptanklagepunkte bildete. Die dichterische Entwicklung der individual- und sozialpsychologischen Folgen der Prügelstrafe, in dem Urteil gipfelnd „die Gesellschaft, welche gleichmütig auf diese Erscheinung schaut, ist schon in ihrer Grundlage selbst erschüttert", übte eine tiefgehende Wirkung.*)

Ein Jahr nach dem Erscheinen der Memoiren wurde durch den Ukas vom 17. April 1863 die Prügelstrafe als Kriminalstrafe der ordentlichen Gerichte, im Jahre 1864 in demselben Umfang in Polen aufgehoben. Als Polizeistrafe gegen Landstreicher, als politische Strafe gegen die nach Sibirien Deportierten und in anderen Spezialfällen blieb sie in Kraft. Erst das aus Anlaß der Geburt des Zarewitsch ergehende Manifest vom 24. August 1904 ordnete die gänzliche Abschaffung der kriminellen Prügelstrafe an.

*) Mit Unrecht berufen sich die Anhänger der Prügelstrafe gelegentlich auf Tolstoi. In Betracht kommen die Äußerungen Nechljudofs in „Auferstehung" II 31 (Reklam), nach denen es eigentlich nur zwei vernünftige Strafen, Prügelstrafe und Todesstrafe, gibt. Damit erkennt der Anarchist Tolstoi der Prügelstrafe und der Todesstrafe im Gegensatz zu der als sinnlos bezeichneten Freiheitsstrafe einen Zweck zu. Aber er billigt die diesem Zweck dienenden Mittel nicht.

So erfolgte in Rußland auch ohne Teilnahme einer Volksvertretung und ohne erfolgreiche revolutionäre Bewegung die völlige Beseitigung der Prügelstrafe, freilich nicht ohne daß die Volksüberzeugung sich durch das Sprachrohr der Literatur Gehör verschaffte.

Der dem englischen politischen Leben eigene zugleich fortschrittliche und konservative Zug tritt auch in der Geschichte der Prügelstrafe hervor. Eine den Charakter des Strafrechts bestimmende polizeistaatliche Prügelstrafe hat sich nicht entwickelt, aber die vorhandenen Ansätze einer solchen sind nicht ganz beseitigt worden. Die körperliche Züchtigung für Frauen wurde 1820 beseitigt, die für männliche Verbrecher hat sich erhalten, wenn auch nur bei statute law auf Prügelstrafe erkannt werden darf.

Im Gegensatz zum Strafrecht des Kontinents drängte weder die Staatsgewalt zu einer besonderen Ausdehnung der körperlichen Züchtigung als politischen Zwecken dienenden energischen Repressionsmittels, noch als Reaktion eine genügend starke individualistische Tendenz zur völligen Aufhebung. So vollzieht sich das seltsame Schauspiel, daß zu derselben Zeit, in der die Prügelstrafe im übrigen Europa als unerträglich beseitigt wurde, die Kodifikation des hauptsächlichen englischen Strafrechts durch die fünf Konsolidationsgesetze von 1861 die Prügelstrafe in den drei bedeutendsten (Personal Offence Act, Larceny Act, nur gegen Jugendliche auch die Malicious Damage Act) beibehält.

Ein Antrag im Unterhaus 1862 auf Abschaffung der Prügelstrafe blieb erfolglos. Indes kam auch ohne gesetzlichen Eingriff die Anwendung der körperlichen Züchtigung im wesentlichen praktisch außer Gebrauch, auch im Geltungsgebiet des politischen Charakter tragenden Gesetzes von 1842, das tätliche Angriffe auf den Souverän mit Prügelstrafe bedroht. Eine polizeistaatliche Prügelstrafe behauptet sich (von den Funktionen der Brutalitäts- und der pädagogischen Strafe ist hier abzusehen) auf Grund eines Gesetzes von 1824 nur gegen männliche unverbesserliche Vagabunden, incorrigible rogues (etwa 140 Verurteilungen im Jahr). Schottland kennt diese Anwendung nicht.

In den Strafgesetzbüchern von Canada (1892) und Australien (Viktoria 1890, Queensland 1899, West-Australien 1902, Neu-Seeland 1893, Konsolidationsgesetz von Neu-Süd-Wales 1883) ist im wesentlichen das englische Recht kodifiziert. In Tasmanien (Gesetze von 1863 und 1875) ist die Prügelstrafe auf männliche Personen unter 19 Jahren beschränkt. In allen australischen Staaten ist die praktische Anwendung der Prügelstrafe sehr geringfügig.

Eine gelegentlich angestrebte Ausdehnung des Anwendungsgebiets in England ist stets gescheitert. Somit bestand und besteht in England nur ein Rudiment dessen, was als die polizeistaatliche Prügelstrafe des Kontinents bezeichnet werden kann.

Während diese im übrigen Europa nicht mehr vorkommt, findet sie sich vereinzelt in Amerika. In Süd-Amerika hat als einziges Land Chile sie beibehalten. Nachdem das Strafgesetzbuch von 1874 die Prügelstrafe abgeschafft hatte, wurde sie durch Spezialgesetz von 1876 als Zusatzstrafe für Diebstahl und Raub wieder eingeführt. Durch Novelle von 1883 wurde die Prügelstrafe wesentlich eingeschränkt, gegen Frauen und Kinder beseitigt.

Von den sämtlichen Staaten der Union hat nur einer der kleinsten, Delaware (200 000 Einwohner), in seinem Strafgesetzbuch von 1852 die Prügelstrafe in außerordentlich weitem Umfang beibehalten. Delikte gegen die Person, wie Vermögensdelikte, geringfügige Vergehen und gemeingefährliche Verbrechen werden zusätzlich mit obligatorischer Prügelstrafe bedroht. Die kriminalpolitisch völlig unzulängliche Regelung steht ersichtlich unter religiösem Einfluß, haben doch die Nachkommen der Puritaner sogar das Strafmaß des mosaisch-talmudischen Strafrechts von 39 und 40 Hieben beibehalten.*)

Auch in zwei späteren Spezialgesetzen (1875 und 1891) das zweite Mal mit politischem Beigeschmack, wurde von der Prügelstrafe Gebrauch gemacht. Da im übrigen die Prügelstrafe seit 1852 wesentlich eingeschränkt, gegen Frauen aufgehoben, im übrigen fakultativ gestaltet worden ist, steht zu erwarten, daß auch die Kuriosität des whipping-post von Delaware nicht allzulange konserviert bleibt.

Der Überblick ergibt, daß die polizeistaatliche Prügelstrafe in allen Ländern beseitigt ist, die die Träger des absolutistischen Polizeistaats waren und, von religiösen Rudimenten abgesehen, eine Strafe ähnlichen Charakters nur in einigen freiheitlich regierten Gemeinwesen, und zwar in steter Einschränkung und unter Ablehnung von Ausdehnungsversuchen, existiert.

Trotzdem spielt sie in den neueren Bestrebungen der Wiedereinführung der Prügelstrafe noch eine gewisse Rolle. Das Verlangen nach Prügelstrafe statt Polizeihaft für Landstreicher und arbeitsscheues Ge-

*) Näheres über die Entstehungsgeschichte des Gesetzes konnte nicht festgestellt werden. Die einzige Geschichte von Delaware (Francis Vincent, „A History of the State of Delaware") reicht in dem allein erschienenen ersten Bande nur bis zum Jahre 1664.

sindel, wogegen von Sachkundigen bestimmter Protest erhoben wird, nach Prügelstrafe für verleumderische Beleidigung, nach Prügelstrafe als Ersatz kurzzeitiger Freiheitsstrafe oder nicht beizutreibender Geldstrafe, als Strafe für Bettel, groben Unfug, anarchistische Gewalttaten, endlich die politische Färbung prügelfreundlicher Äusserungen, z. B. die Forderung der Prügelstrafe gegenüber einem Verhalten, wie es „gehegt und gepflegt wird durch die sozialdemokratischen Bemühungen“, alle solche Wünsche sind hierher zu rechnen, zielen auf die Wiederherstellung eines Strafmittels, dessen kulturelle Voraussetzungen gefallen sind. Ohne Einsicht in den geschichtlichen Zusammenhang, entspringen sie einer begrifflichen Unklarheit über die Funktionen der Prügelstrafe, einer ungenügenden Scheidung zwischen der polizeistaatlichen Prügelstrafe und der körperlichen Züchtigung als Brutalitätsstrafe, in der eine neuere Form des Strafmittels zu erblicken ist.

## 3. Kapitel.

## Die Brutalitätsstrafe.

Nachdem ein verändertes Humanitätsideal die Auffassung der körperlichen Züchtigung als des humanen Strafmittels einer milderen Zeit zur Repression leichterer Vergehen beseitigt hatte und nicht mehr ihre relative Milde, sondern ihr entwürdigender Charakter als wesentliches Merkmal erschien, tauchte der Gedanke auf, sie als Strafe für besonders rohe Vergehen einzuführen. Mag diese Brutalitätsstrafe auch von dem Talionsgedanken unterstützt werden, so steht doch nicht er im

Vordergrund, sondern der Gedanke der Spezialprävention, einen besonders rohen und brutalen Willen durch ein besonders brutales, als besonders entwürdigend empfundenes Strafmittel zu biegen oder zu brechen.

Verfehlt ist es daher, diese neuere Form der Prügelgelstrafe als mit der polizeistaatlichen erledigt anzusehen. Sie erfordert eine besondere kriminalpolitische Erwägung.

Der Gedanke der Brutalitätsstrafe hat seine Vorläufer in den Versuchen, die prügelwürdigen Delikte nach subjektiven Merkmalen zu bestimmen. Anscheinend zum erstenmal ist er in dem von Feuerbach geschaffenen bayrischen Strafgesetzbuch von 1813 antizipiert, welches körperliche Züchtigung ausschließlich über Taten verhängt, die Mutwillen oder auffallende Roheit bekunden. Beispiele aus der Mitte des 19. Jahrhunderts sind das Merkmal der „überlegten Bosheit“ in Württemberg, der „besonderen Bosheit“ in Kurhessen, das Delikt der „boshaften Sachbeschädigung“ in St. Gallen, der „Sachbeschädigung aus Rache, Bosheit oder Mutwillen“ in Sachsen-Altenburg. Sie blieben vereinzelt und fanden auf dem Kontinent weder Nachfolge noch systematische Ausgestaltung.

In England wurde der Gedanke zuerst Gesetz. Die praktisch wenig bedeutsamen Bestimmungen der Konsolidationsgesetze über die Prügelstrafe (oben S. 24) wurden bereits 1863 durch die Act for the further security of her Majesty's subjects from personal violence (kurz: Garroters' Act genannt) verschärft und ein besonderes Prügelgesetz geschaffen.

Das Unwesen der „Garrotirer“ in London, die ihre Opfer mit einer Drahtschlinge erdrosselten und beraubten, hatte große Aufregung in der hauptstädtischen

Bevölkerung hervorgerufen, die nach drakonischen Schutzmaßregeln, so auch nach der Prügelstrafe, verlangte. In der Regierung fehlte es nicht an Widerstand. Der Staatssekretär des Innern, ein Gegner des Prügelgesetzes, wurde im Punch als „the Garroters' Friend" grausam karikiert (29. November 1862). Die Stimmung des Landes, die die Oberhand behielt, gab Disraeli wieder, als er im Unterhaus erklärte: „quod carcer non sanat, flagellum sanat".

In der Garroters' Act ist die Prügelstrafe lediglich Zusatzstrafe für männliche Verbrecher. Sie ist binnen 6 Monaten nach dem Urteil, und zwar nicht öffentlich, zu vollstrecken, darf dreimal wiederholt werden, jedesmal 50 Hiebe nicht übersteigen. Prügelinstrument für Jugendliche ist die Rute, für Erwachsene die berüchtigte cat-o'nine-tails. Nicht im Anwendungsgebiet, sondern hauptsächlich in der Zulässigkeit einer dreimaligen Wiederholung und der schärferen Ausbildung der Prügeltechnik geht die Garroters' Act über die Konsolidationsgesetze hinaus.

Daß die Prügelstrafe in England den gewünschten Erfolg erzielt hat, wird tendenziös behauptet,*) ist aber durch die Tatsachen widerlegt, daß bereits im November 1862 21 Garrotirer zu strengen Strafen verurteilt wurden und im Januar 1863 ein hoher Beamter die Grand Jury zur Ausrottung der Garrotirer beglückwünschte, während erst im Juli 1863 die Prügelbill eingebracht wurde.

Übrigens wird die neunschwänzige Katze auf Grund der Garroters' Act selten, im Jahresdurchschnitt 30 mal

*) Treitschke, Politik II 431 behauptet ohne jeden Beleg, daß nach vier Bestrafungen das Garrotieren aufgehört habe.

in Anwendung gebracht. Trotzdem wurde auch in England der angebliche Erfolg des Gesetzes zu weiterem Versuche, die Prügelstrafe auszudehnen, benutzt. Als im Jahre 1889 die öffentliche Meinung Englands durch räuberische Überfälle in einer Vorstadt Londons erregt war, riefen selbst die Daily News gegen den „Carneval des Verbrechens" die Prügelstrafe zu Hilfe. Die noch in demselben Jahr eingebrachte Bill, die den Einbruch mit Waffengewalt und Gewalttaten gegen Frauen mit Prügelstrafe bedrohte, hat jedoch Gesetzeskraft nicht erlangt. Auch die Bestrebungen der Society for the prevention of cruelty to children, die 1887 und später die Einführung der körperlichen Züchtigung zum Schutz der Kinder gegen rohe Mißhandlung forderte, blieben auf die englische Gesetzgebung ohne Einfluß.

In Schottland hat die körperliche Züchtigung als Brutalitätsstrafe keinen Eingang gefunden.

Ein ähnliches Gelegenheitsgesetz wie die Garroters' Act brachte die Prügelstrafe nach Dänemark. Das dänische Strafgesetzbuch von 1866 ließ die körperliche Züchtigung nur bei Jugendlichen zu. Zahlreiche Mängel des Strafgesetzes, das gegen den gewerbs- und gewohnheitsmäßigen Verbrecher keinen ausreichenden Schutz gewährte und energischer Repression der Roheitsdelikte ermangelte, vor allem aber die steigende Kriminalität einer namentlich in den Industriebezirken rasch wachsenden Bevölkerung und das Anschwellen des arbeitslosen Proletariats führten zu einer Vermehrung der Gewalttaten gegen die Person. Die nach dem Gesetz allein zulässige Gefängnisstrafe erwies sich als unwirksam. Namentlich in Kopenhagen entwickelten sich die abendlichen brutalen Überfälle auf harmlose Passanten zu einer Art Sport.

Nachdem bereits ein Gesetz von 1897 über Gewalt gegen schuldlose Personen, das sogenannte „bölleloven" (bölle = Louis), die bisherigen Strafen verschärft, die Prügelstrafe allerdings abgelehnt hatte, verlangte die öffentliche Meinung eine weitere Verschärfung der Strafen, forderte z. B. im Herbst 1902 eine dem Justizminister überreichte, von 182 000 Frauen unterzeichnete Adresse einen wirksamen Schutz für Ehre und Leben der Frauen, übrigens ohne die Prügelstrafe zu erwähnen. Da überraschte der Justizminister Alberti am 13. November 1903 den Reichstag mit dem Entwurf einer auch die Prügelstrafe enthaltenden Strafgesetznovelle, des alsbald sogenannten „prygleloven".

Zur Begründung der Vorlage wurde auf das enorme Wachstum der Verbrechen gegen die Person (schwere Körperverletzung und Notzucht) während der letzten dreißig Jahre verwiesen. Eine genauere Prüfung der Statistik unter Berücksichtigung der durch das Gesetz von 1897 herbeigeführten Änderung des Rechtszustandes ergibt allerdings, daß sich seit diesem Jahr in beiden Deliktsgruppen ein deutlicher Rückgang bemerkbar macht.

Während die Mehrzahl der Bevölkerung und ein großer Teil der Presse den Entwurf zustimmend begrüßte, fand er bei den Fachmännern (Medizinern, Pädagogen, Kriminalisten) heftigen Widerstand.*)

*) Die Einwände der Kriminalisten wurden in der Broschüre „Pryglestrafen, udgivet af Medlemmer af Dansk Kriminalistforenings bestryelse", Kopenhagen 1904, niedergelegt. Über die Vorgeschichte handeln Tybjerg in Aschaffenburgs Monatsschr. für Kriminal-Psychologie I, 415 ff., II, 133 f., Goos in Revue pénitentiaire 28, 932 ff. und 29, 1082 f., Rothe in Liszt's Zeitschrift für die gesamte Strafrechtswissenschaft 26, 234, Goll in den Mitteilungen der Internationalen Kriminalistischen Vereinigung XII, 760 ff.; über das Gesetz selbst Torp, Den

Auch die Polizei- und Gefängnispraktiker widersprachen als Kenner der disziplinarischen Züchtigung ihrer Einführung als Kriminalstrafe. Nachdem der Ausschuß des Volksthings in die Novelle wichtige und wertvolle Strafrechtsreformen aus dem Stegreif hineingearbeitet, die umstrittene Bestimmung trotz Widerspruchs beibehalten hatte, nahm der Volksthing den Entwurf in dieser Form schließlich an, den Prügelparagraphen selbst mit einer Majorität von vier Stimmen.

Noch schärfer war der Widerspruch im Landthing, zumal auch die Stimmung im Lande umzuschlagen begann. Um einer Ablehnung vorzubeugen, nahm die Regierung, bevor das Gesetz verabschiedet war, eine plötzliche Schließung des Reichstags vor. Die nächste Session ergab eine veränderte politische Lage, unter deren Druck das Gesetz vom 1. April 1905 aus parteitaktischen Gründen angenommen wurde.

Die Prügelstrafe ist, wie in der englischen Garotters' Act, Zusatzstrafe für erwachsene männliche Verbrecher. Sie trifft zwei Gruppen von Delikten, Gewalthandlungen gegen schuldlose Personen und Unzucht gegen Mädchen unter 12 Jahren. Als Gewalthandlungen gelten: einfache vorsätzliche Körperverletzung, Körperverletzung eines Aszendenten, eines Deszendenten oder eines Ehegatten, leichte Verwundung oder Gesundheitsschädigung, schwere Körperverletzung (wenn der Schaden gewollt ist oder hätte vorausgesehen werden müssen). Die

danske strafferets. Almundelige del. Kopenhagen 1905, 52 f. (mit Angabe der dänischen Literatur), über Prügelstrafe als Hauptstrafe 691, als Zusatzstrafe 692—696. als Disziplinarstrafe 696—698. — Eine deutsche Übersetzung des Gesetzes ist Liszt's Zeitschrift für die gesamte Strafrechtswissenschaft Bd. 26 beigegeben. — Durch persönliche Mitteilungen unterstützten den Verfasser die Herren Strafanstaltsdirektor Goos in Horsens und Landrichter Dr. Tybjerg in Kopenhagen.

Prügelstrafe ist jedoch an die weiteren Voraussetzungen geknüpft, daß der Verletzte erhebliche körperliche Schmerzen gehabt hat oder zu längerem Krankenlager genötigt worden oder für längere Zeit arbeitsunfähig geworden ist, und daß der Verletzer diesen Erfolg entweder gewollt hat oder voraussehen mußte, und in den letzten fünf Jahren wegen vorsätzlicher Gewalt zu einer Freiheitsstrafe oder einer Buße von mindestens 200 Kronen verurteilt worden ist.

Die Prügelstrafe ist regelmäßig vor der Hauptstrafe zu vollstrecken, beträgt 10—27 Schläge (mit dem Stock, im Wiederholungsfalle mit dem Tau) und ist von einem ärztlichen Gutachten abhängig, mangels dessen die Hauptstrafe anderweitig verschärft wird.

Die tatsächliche Anwendung der Prügelstrafe hielt sich in bescheidenen Grenzen. Im ersten Berichtsjahr (September 1905 bis September 1906) erfolgte 1 Verurteilung, in den folgenden Jahren 7, 3, 3, also in vier Jahren 14 Verurteilungen (8 wegen Gewalttaten, 6 wegen Unzucht). Nach dem unrühmlichen Abgang des Vaters des Gesetzes erließ der neue Justizminister 1909 ein Rundschreiben, das die Gerichte anhielt, in allen Fällen, in denen auf Prügelstrafe erkannt ist, die Akten mit einem Gutachten, wie weit sich der Fal zur Begnadigung eigne, dem Justizminister einzureichen. Hält man dieser geringfügigen positiven Bedeutung der Prügelstrafe die durch dasselbe Gesetz herbeigeführte, an anderer Stelle darzustellende erhebliche Einschränkung der körperlichen Züchtigung Jugendlicher gegenüber, so erhellt, daß das Prügelgesetz eher ein Gesetz gegen die Prügel geworden ist.

Im übrigen ist das Gesetz nur ein interimistisches, das nur bis zur Revision des Strafgesetzbuchs, längstens

6 Jahre, Geltung behält. Diese Frist läuft 1911 ab; daß die Lebensdauer der Prügelstrafe verlängert werde, kann als ausgeschlossen angesehen werden, vielmehr hat die Regierung im November 1910 eine Verkürzung in Aussicht gestellt.

Auch in der Union ist das Verlangen nach körperlicher Züchtigung als Brutalitätsstrafe aufgetaucht, so für das den Vereinigten Staaten eigentümliche kidnapping (Kinderraub in Erpressungsabsicht). Häufig wurde die Ansicht ausgesprochen, wer wehrlose Kinder schlage, ebenso der Ehemann, der seine Frau prügele, verdiene körperliche Züchtigung, eine Auffassung, die übrigens schon 1872 auf dem Londoner Internationalen Kongreß für Gefängniswesen auf amerikanischer Seite Widerspruch fand.

Diese Bestrebungen gewannen an Ausdehnung, seit Roosevelt in seiner ersten Botschaft von 1904 gegen Mißhandlung der Frauen und Kinder durch den Ehemann die Strafe körperlicher Züchtigung empfohlen hatte, da Gefängnis für den Täter in der Regel wenig bedeute, die Opfer seiner Brutalität aber durch die Erwerbslosigkeit des Ernährers der Not preisgebe. Während ein auf diesen Gedanken beruhender Entwurf in Columbia keine Gesetzeskraft erlangte, kam im Staate Oregon bereits im Jahre 1905 ein Gesetz zustande, das die tätliche Mißhandlung der Frau durch den Ehemann mit Prügelstrafe bedroht.

Bestrebungen auf Einführung der Brutalitätsstrafe sind auch anderwärts aufgetaucht, nach dem typischen Beispiel Englands und Dänemarks regelmäßig im Anschluß an besonderes Aufsehen erregende rohe Verbrechen, die zuweilen auch prinzipielle Gegner der Prügelstrafe umstimmten. Zur Zeit der Ermordung der

Kaiserin Elisabeth wurde die Ketzerei eines sozialistischen Blattes, das (übrigens gleich der „Frankfurter Zeitung") die Prügelstrafe für diskutabel erklärte, viel besprochen. Die Taten der Apachen in Paris, die zunehmenden Roheitsdelikte in Berlin riefen ähnliche Stimmungen hervor, die sich jedoch niemals legislativ verwirklicht haben. Der deutsche Reichstag ging 1900 über eine Petition, die Prügelstrafe namentlich bei Notzucht, Mord, schwerer Körperverletzung, Brandstiftung forderte, wenn die Tat einen besonders hohen Grad von Roheit zeige, mit großer Mehrheit zur Tagesordnung über.

Es ist nicht zu verkennen, daß diesem Ruf nach Prügelstrafe ein wirklicher Notstand zugrunde liegt. Gerade die Delikte gegen die Person sind in den Staaten mit wachsendem Wohlstand und zunehmender Bevölkerung in rascher Steigerung begriffen. Der der körperlichen Unversehrtheit namentlich gegen Roheitsverbrechen gewährte Schutz ist vielfach ungenügend. Endlich erweisen sich die Freiheitsstrafen in ihrer heutigen Gestalt als unzulänglich. Gegen diese Mißstände insgesamt wird die Panacäe der Prügelstrafe empfohlen. Sie wird diese Übel nicht beseitigen und neue Übel im Gefolge haben.

Die häufig in die Debatte geworfenen Gründe der religiösen und nationalen Tradition sind von der Erörterung auszuschließen. Daß die katholische Auffassung von der Geißelung auf die Entwicklung der Prügelstrafe Einfluß geübt hat, wurde angedeutet. Die dogmatische Frage kann als einflußlos ausgeschaltet werden. Daß im Gegensatz zu den Gefängnisbeamten auffallend viel Strafanstaltsgeistliche für die Prügelstrafe eintreten, dürfte nicht auf religiöse Argumente, sondern auf den geringen Erfolg der seelsorgerischen Tätigkeit zurückzuführen sein.

Auch ob das „germanische Ehrbewußtsein“ sich von dieser Strafform abgestoßen fühle (ein französischer Gegner der Prügelstrafe findet, daß die körperliche Züchtigung dem französischen Charakter widerstrebt), kann dahingestellt bleiben, zumal mit mehr Recht die Bekämpfung der Prügelstrafe als „nicht germanisch“ bezeichnet worden ist.*)

Das altgermanische Recht verwendet die Prügelstrafe in auffallend weitem Umfang, und es gibt vielleicht kein Kriminalrecht, das für dieses Strafmittel so zahlreiche Namen hat. Sagt doch von den Westgothen der Geschichtsschreiber des germanischen Strafrechts, daß bei ihnen der Stock fast in chinesischer Weise walte. Aber wie die Prügelstrafe, so ist auch der Kampf gegen die Prügelstrafe deutsche Tradition. Wie tief diese Tradition im Volksbewußtsein wurzelt, beweist die Tatsache, daß die Prügelstrafe vielfach in revolutionären Zeiten zur Befriedigung tiefer Volksströmungen beseitigt wurde.**)

Auch dem medizinischen Gegenargument der gesundheitsschädlichen Wirkung ist im allgemeinen entscheidendes Gewicht nicht beizulegen, da die Prügelstrafe im Vergleich mit anderen Strafen eine besonders gesundheitsschädliche Wirkung nicht hat, während allerdings der bekannte Zusammenhang zwischen Grau-

*) Die Ansicht, daß die Germanen zur Zeit des Tacitus die Prügelstrafe nicht gekannt hätten, beruht auf einem Mißverständnis von Germania Kap. VII, wo nicht gesagt wird, daß körperliche Züchtigung nicht verhängt, sondern daß sie nicht von den Häuptlingen, sondern (wie jede andere Strafe) von den Priestern verhängt wurde.

**) Auch in der jüngsten Revolution (Brasilien, November 1910) wurde die Abschaffung der (ungesetzlichen) körperlichen Züchtigung verlangt.

samkeit und Geschlechtstrieb für Prügelnden wie Geprügelten die Gefahr sexueller Verirrungen birgt.

Vom Standpunkt der Spezialprävention ist die Prügelstrafe als besonders leicht abstufbar, besonders gefürchtet und wegen der unmittelbaren und energischen Einwirkung auf den Delinquenten als besonders wirkungsvoll bezeichnet worden.

Die Prügelstrafe ist nicht leichter abstufbar als Geldstrafe oder Freiheitsstrafe, zumal das Strafmaximum sehr bald erreicht ist. Schwerer wiegt das Bedenken, daß kaum eine Strafe ihrer Natur nach so ungleich auf die Verurteilten wirkt und keine Strafe ihrer Vollstreckung nach so sehr von dem Vollzugsbeamten abhängig ist.

Daß die Prügelstrafe besonders gefürchtet ist, mehr als die Gefängnisstrafe, kann zugegeben werden, wenn auch fraglich bleibt, ob diese Furcht gerade bei den Elementen besteht, auf die das Strafmittel gemünzt ist. Indes ist für die Wirkung der Strafdrohung die Gewißheit ihres Eintritts wichtiger, als die Intensität des Strafübels. Diese Gewißheit ist bei der Prügelstrafe nicht zu erzielen, da ihre Zulässigkeit (wie auch die Praxis zeigt) notwendig ein ärztliches Gutachten erfordert und damit der Eintritt der Prügelstrafe von der zufälligen körperlichen Beschaffenheit des Delinquenten abhängig gemacht wird.

Die Behauptung, daß die Prügelstrafe durch ihre unmittelbare und empfindliche Einwirkung besonders wirksam sei, verwechselt die auf der Stelle verabfolgte vielleicht sehr heilsame Tracht Prügel mit der nach Monaten oder gar nach Jahren vollzogenen staatlichen Prügelstrafe, bei der am Ende niemand mehr weiß, wozu noch geprügelt wird. Der eigentümliche Charakter der Schläge, die augenblickliche und empfindliche Repression, geht der staatlichen Prügelstrafe völlig verloren. Es ist kein Zufall, daß England, das an der Prügelstrafe festhält, auch einen von dem deutschen wesentlich abweichenden Strafprozeß hat, in dem die anders geartete Rolle der Polizei und das summarische Verfahren diesen Mangel abschwächt und den Vollzug der Prügelstrafe wenigstens binnen sechs Monaten ermöglicht.

Zu diesen allgemeinen Erwägungen treten noch besondere Bedenken gegen die Brutalitätsstrafe. In erster Reihe steht die Schwierigkeit einer Abgrenzung ihres Anwendungsgebiets. Die Abgrenzung nach objektiven Merkmalen, wie England und Dänemark sie kennen, bezeichnet als strafwürdige Delikte schwere und gefährliche Körperverletzung, Sittlichkeitsdelikte (Unzucht an Kindern, Notzucht, Zuhälterei),*) Sachbeschädigung (Vandalismen, Baumfrevel, Schaufensterzerstören). Vereinzelt werden auch andere Verbrechen, wie Mord, Totschlag, Eisenbahntransportgefährdung herangezogen.

Als subjektive Kriterien werden genannt: boshafte, niederträchtige, ehrlose, amoralische, rohe, brutale Gesinnung, sittliche Entartung, sittliche Unreife, Rachlust, Mutwille, Trunksucht. Gelegentlich werden auch subjektive und objektive Kriterien verbunden.

Eine gesetzliche Regelung ohne Beachtung des subjektiven Kriteriums erscheint bei der Verschiedenartigkeit der unter die objektiven Tatbestände fallenden

---

*) Sogar für die kriminalpolitisch nicht zu rechtfertigende, nur als religiöses Rudiment erklärliche Bestrafung der Homosexualität ist Prügelstrafe vorgeschlagen worden. (Auch das Allgemeine Landrecht kennt körperliche Züchtigung als Strafe für „unnatürliche Sünden", § 1069 ff.)

Handlungen als ausgeschlossen. Seine Berücksichtigung öffnet wieder dem richterlichen Ermessen einen gefährlichen Spielraum und läßt Erschütterungen des Rechtsbewußtseins besorgen, zumal sich zweifellos trotz aller entgegenstehenden Absichten der Gesetzgebung eine Beschränkung der Prügelstrafe auf die unteren Klassen wie im alten Rußland, in Frankreich und in Preußen durchsetzen würde.

In der Beschränkung auf brutale Gewalttaten, die heute von den meisten Anhängern der Prügelstrafe verlangt wird und in der englischen Garotters' Act und dem dänischen Prygleloven verwirklicht ist, wird der kriminalpolitische Gedanke nicht genügend durchgedacht. Weder verlangt die besondere Gefährlichkeit dieser Delikte besonders energische Abschreckungsmittel (die nicht am Äußerlichen haftende Betrachtung erblickt in zahlreichen anderen Verbrechen die gleiche oder größere Niedertracht der Gesinnung oder verbrecherische Energie), noch kann die besondere Eigenart dieser Delikte durch energische Abschreckungsmittel wirksam bekämpft werden. Vielmehr erscheint es kriminalpolitisch verfehlt, die Roheit mit Roheit zu bekämpfen. Der Staat, der prügelt, erhält gerade im Prügelnden wie Geprügelten dieselben Triebe und Instinkte, die er bekämpft. Auch werden dieser Art Delikte nicht selten von Degenerierten und meist im Alkoholrausch begangen. Der schwache und alkoholberauschte Sinn denkt nicht an den Prügel. Die Bekämpfung der geschilderten schweren Mißstände durch die Prügelstrafe wäre eine Eisenbartkur, die den Grund des Übels unberührt ließe.

Daß das Experiment der reinen Brutalitätsstrafe gemacht wurde, war wertvoll und vielleicht notwendig;

daß es zur Nachfolge ermunternde Resultate erzielt habe, kann auch von den Gegnern im Ernst nicht behauptet werden.

Durchgesetzt hat sie sich nur in Ländern, die die Prügelstrafe in größerem Umfange nicht kennen gelernt haben, nur langsam, nur gegen heftige Widerstände, nur mit Kautelen und Einschränkungen. Die Länder, in denen die Prügelstrafe in ihrer abstoßendsten Funktion, als die Polizeistrafe des absolutistischen Staates, wirksam gewesen ist, haben mit ihr zu schlechte Erfahrungen gemacht, als daß sie sich zu ihrer Aufnahme in einem neuen Gewande entschließen könnten.

---

## 4. Kapitel.

# Die pädagogische Prügelstrafe.

Die Prügelstrafe gegen Jugendliche unterscheidet sich wesentlich von der Prügelstrafe in den bisher geschilderten Funktionen, weil die Verwendung der körperlichen Züchtigung in Schule und Haus auch der staatlichen Prügelstrafe soweit einen pädagogischen Charakter gibt. Während die polizeistaatliche Prügelstrafe hauptsächlich von dem Gedanken der Generalprävention beherrscht ist, beruhen Brutalitäts- und pädagogische Strafe auf Gedanken der Spezialprävention: jene auf dem der Abschreckung, diese hauptsächlich auf dem der Besserung.

Die Verbindung beider Strafzwecke, die in der Empfehlung der Prügelstrafe gegen Brutalitätsdelikte Jugendlicher (Sächsisch-Anhaltische Gefängnisgesellschaft 1893) hervortritt, verwischt die kriminalpolitisch wichtige Differenz. Eine solche Verwischung tritt naturgemäß auch in der Geschichte der Prügelstrafe zutage, die zu einer bewußten Trennung der Funktionen des Strafmittels nicht gelangt ist. Wie die Prügelstrafe gegen Jugendliche ihre Hauptrolle deshalb neben Polizei- und Brutalitätsstrafe gespielt hat, so liegt ihr Hauptanwendungsgebiet auch heute in den Ländern, die die Prügelstrafe auch in anderen Funktionen besitzen, in England und Dänemark.

Namentlich das englische Recht hat eine große Anzahl derartiger Strafbestimmungen gegen Jugendliche aufgenommen. Außer den erwähnten drei Konsolidationsgesetzen von 1861 und der Garotters' Act von 1863 ist körperliche Züchtigung für Knaben unter 16 Jahren durch Gesetze von 1861 (Annahme einer Belohnung für die Auffindung von gestohlenem Gut) und 1885 (unsittliche Handlungen gegen Mädchen unter 13 Jahren) angedroht. Gegen Knaben unter 14 Jahren, die einer „indictable offence" (ohne indictment d. i. formelle Anklage) beschuldigt sind, kann nach dem Gesetz von 1862 von den Gerichtshöfen mit summarischer Jurisdiktion eine einmalige körperliche Züchtigung bis zu 12 Rutenhieben verhängt werden, während ein Gesetz von 1879 eine körperliche Züchtigung bis zu 6 Rutenhieben auch gegen Knaben unter 12 Jahren zuläßt. Endlich hat auch die Youthful Offenders' Act von 1901 Bestimmungen über die körperliche Züchtigung Jugendlicher aufgenommen. Die Children Act von 1908 hat das Anwendungsgebiet der Prügelstrafe weder erweitert noch eingeschränkt. Die Zahl der tatsächlich verhängten Prügelstrafen ist nicht gering, sie beträgt im Jahresdurchschnitt rund 3000.

Noch ausgedehnter war das Anwendungsgebiet der körperlichen Züchtigung in Dänemark. Während England die körperliche Züchtigung auf Knaben beschränkt, ließ das dänische Strafgesetzbuch von 1866 körperliche Züchtigung (Rutenschläge) auch gegen Mädchen von 10—12 Jahren zu. Gegen Knaben von 10—15 Jahren waren Rutenschläge, gegen Knaben von 15—18 Jahren Stockschläge zulässig. Da sich die Gerichte vielfach abgeneigt zeigten, die jugendlichen Delinquenten ins Gefängnis zu schicken, wurde die Prügelstrafe außerordentlich häufig zur Anwendung gebracht, so daß sie in den siebziger Jahren drei Viertel und auch noch in den neunziger Jahren zwei Drittel aller über Jugendliche verhängten Strafen ausmachte. Kindern unter 15 Jahren gegenüber zogen die Gerichte namentlich in neuerer Zeit allerdings vor, wo das Gesetz es erlaubte, von jeder Strafe abzusehen und es bei einer Verwarnung bewenden zu lassen: so ist in Kopenhagen in den letzten Jahren vor 1905 kein einziges Kind zu Prügeln verurteilt worden.

Das Prygleloven vom 1. April 1905 enthielt eine durchgreifende Einschränkung der Prügelstrafe für Jugendliche. Sie blieb nur für Jugendliche von 14 bis 18 Jahren wegen Gewalttätigkeiten aufrecht erhalten, während der Richter die Befugnis erhielt, gegen Kinder unter 14 Jahren (die nicht strafmündig sind) die erforderlichen Erziehungsmaßregeln anzuordnen, insbesondere dem Erzieher aufzugeben, dem Kinde zuhaus eine geeignete körperliche Züchtigung unter zweckdienlicher Aufsicht zu erteilen.

Auf diese mildeste Form, die die staatliche Prügelstrafe durch die staatliche Anordnung häuslicher Züchtigung ersetzt, beschränken sich die Strafgesetzbücher von Schweden und Finnland, den einzigen Ländern, in denen sich Reste der pädagogischen Strafe erhalten haben. Nach dem schwedischen Strafgesetzbuch von 1864 kann das Gericht anordnen, daß Kinder unter 15 Jahren (die nicht strafmündig sind) zu Hause von ihren Eltern oder den Personen, in deren Aufsicht und Gehorsam sie stehen, gezüchtigt werden. Ebenso kann das Gericht nach dem finnischen Strafgesetzbuch von 1889 anordnen, daß Kinder von 7—15 Jahren von den Eltern oder anderen Vertretern „erweislich gezüchtigt" werden und, falls die Anordnung nicht befolgt wird, selbst dafür Sorge tragen.

In Norwegen hatte sich die Prügelstrafe für Kinder von 10—15 Jahren auch nach Ausscheidung der körperlichen Züchtigung im übrigen (1842) erhalten, ist jedoch durch das Strafgesetzbuch von 1902 beseitigt worden. Auch hier ist durch Gesetz von 1896 eine Bestimmung dahin getroffen, daß der Vormundschaftsrat eine „erweisliche Züchtigung" des Kindes im Hause oder in der Schule anordnen kann.

Weitere Ausdehnung hat die pädagogische Strafe nicht gefunden. Ein Schweizer Gesetzentwurf von 1900, der Kinder wegen sittlicher Verworfenheit, gewohnheitsmäßiger Lüge, ständiger Unverschämtheit gegen Lehrer mit körperlicher Züchtigung bedrohte, sowie ein ihm folgender Gesetzentwurf des Kantons Schaffhausen von 1904 haben keine Gesetzeskraft erlangt.

Die körperliche Züchtigung Jugendlicher hat Freunde auch unter den prinzipiellen Gegnern der Prügelstrafe gefunden. Begründet wird sie vornehmlich mit den Gefahren der kurzzeitigen Gefängnisstrafe für die Jugend und der Behauptung, daß die Kinder wirkliche

Furcht nur vor der Prügelstrafe hätten, die auch nicht so gesundheitsschädlich wirke, wie andere Strafen.

Auch die pädagogische Strafe hat, wie die Brutalitätsstrafe, einen richtigen Ausgangspunkt, die Erkenntnis der Nutzlosigkeit und Gefährlichkeit kurzzeitiger Freiheitsstrafe für jugendliche Delinquenten. Lehrreich sind die Worte des jungen Sträflings in Specks Erzählung „Zwei Seelen“: „Ich war nun im Gefängnis gewesen und hatte gesehen, daß sich auch dort leben und Ehre gewinnen läßt.“ Die Auffindung eines wirksamen Ersatzmittels für die kurzzeitige Freiheitsstrafe gehört zu den ernstesten Fragen der heutigen Kriminalpolitik.

Es ist jedoch sehr zweifelhaft, ob die fast nur in England beibehaltene Prügelstrafe ein annehmbares Surrogat bietet.

Allerdings glaubt vielfach die fachmännische Pädagogik in der Schule ohne körperliche Züchtigung nicht ganz auskommen zu können, weil diese zwar nicht zur Umwandlung des bösen Willens, aber zur Abschreckung und als kräftiger und schneller Willensbrecher unentbehrlich sei. Die Schulfrage kann hier nicht erörtert werden. Beachtenswert ist jedenfalls, daß die Strafe der körperlichen Züchtigung für Volksschulen wie höhere Schulen in den deutschen Staaten mehr und mehr eingeschränkt worden ist, wenn auch der bekannte Erlaß Bosses vom 1. Mai 1899 nicht voll aufrecht erhalten werden konnte. Bei dieser Einschränkung des Züchtigungsrechts des Lehrers besteht keine Veranlassung, eine richterliche Prügelstrafe für Jugendliche einzuführen. Gerade die von den Pädagogen der körperlichen Züchtigung nachgerühmte Eigenschaft, ein schneller Willensbrecher zu sein, kommt für den langsamen Strafprozeß, mindestens solange nicht ein summarisches Verfahren nach englischem Muster besteht, nicht in Betracht. Auch die subjektiven Bedingungen der staatlichen Prügelstrafe sind weit ungünstigere. Kann vielleicht der Vater oder der Lehrer Zweckmäßigkeit und Wirkung der körperlichen Züchtigung im einzelnen Falle ermessen, so doch schwerlich der Richter, der den Delinquenten nur flüchtig in der kurzen Hauptverhandlung und auch durch die bei dem deutschen Jugendgericht eingeführten Recherchen nebst Vorverhandlung nicht ausreichend kennen lernt. Der Vollzug der körperlichen Züchtigung geraume Zeit nach der Begehung der Tat ist nirgends zweckwidriger als bei Jugendlichen.*)

Nicht englisches, sondern amerikanisches Muster soll in diesem Punkt für die strafrechtliche Behandlung der Jugendlichen gelten. Obwohl nirgends so deutlich wie in der Union die unheilvolle Wirkung des Gefängnisses für Jugendliche erkannt worden ist, wurde, wie man zutreffend sagte, Axiom der amerikanischen Kriminalpolitik, daß man mit den Kindern alles versuchen dürfe: nur nicht die Prügelstrafe.

Wenn uns ausdrücklich versichert wird, daß die häufige Anwendung der Prügelstrafe gegen jugendliche Delinquenten in Dänemark auf dem völligen Mangel

---

*) Es sei an ein Wort Fontanes erinnert: „Wer die Untat entdeckt und als Untat empfindet, der muß auch auch auf der Stelle Richter und Vollzieher in einer Person sein. Vergeht aber eine halbe Stunde oder eine ganze und muß nun ein vom Frühschoppen heimkehrender Vater, der eigentlich sagen möchte ‚Seid umschlungen, Millionen‘, muß dieser unglückselige Vater auf einen Bericht und eine daran sich knüpfende Pflichtermahnung hin den Stock oder gar die Reitpeitsche von seinem verstaubten Schreibpult herunternehmen . . . so ist das eine sehr traurige Situation“ („Meine Kinderjahre“ S. 245).

an staatlicher Fürsorge und staatlich vorgeschriebenen Erziehungsmaßregeln beruhte, so liegt darin die Lehre beschlossen, daß der wachsenden Kriminalität der Jugendlichen nicht bloß, ja nicht einmal hauptsächlich mit kriminellen Maßregeln zu begegnen ist. Glaubt man ohne die körperliche Züchtigung nicht auskommen zu können, so bietet sich (nach skandinavischem und finnischem Muster) als einziger Weg die gerichtliche Kontrolle über Schule und Haus.*)

5. Kapitel.

## Nebenfunktionen der Prügelstrafe.

Das islamische Recht hat die Bestimmung, daß der Dieb mit Ruten gezüchtigt wird, wenn ihm bereits wegen früherer Delikte beide Hände und beide Füße abgeschlagen sind, er also füglich an diesen Gliedern nicht mehr gestraft werden kann. An diese theoretisch nicht ungerechtfertigte Anwendung der Prügelstrafe erinnert die Vorschrift des norwegischen Strafgesetzbuchs von 1902, wonach ein zu lebenslänglicher Freiheitsstrafe verurteilter Verbrecher, der wiederum eine Straftat begeht, körperlich gezüchtigt werden kann. Derselbe Gedanke war übrigens bereits in einer preußischen Kabinettsordre vom 10. Juni 1835 verwirklicht. Norwegen gelangt indes zu dieser Verwendung der körperlichen Züchtigung als Kriminalstrafe nur, weil es in diesem Fall die Anwendung aller zulässigen

*) Nach deutschem Recht kann der Vater oder die Mutter auf eigenen Antrag von dem Vormundschaftsgericht durch Anwendung geeigneter Zuchtmittel unterstützt werden (1631 Abs. II BGB.).

Disziplinarmittel gestattet und zu diesen auch die körperliche Züchtigung gehört. Will man in diesen Fällen die ordentlichen Disziplinarmittel für zulässig erklären, so wird es möglich sein, ausschließlich der körperlichen Züchtigung mit ihnen auszukommen. Jedenfalls scheint es nicht gerechtfertigt, nachdem einmal die Ausscheidung der kriminellen Prügelstrafe grundsätzlich durchgeführt ist, das Prinzip wegen praktisch so unerheblicher Fälle wieder zu durchbrechen.

Eine eigentümliche Rolle spielt die Prügelstrafe in der Rechtsgeschichte Montenegros. Hier ist sie grade des schimpflichen Charakters wegen, der im übrigen Europa zu ihrer Beseitigung geführt hat, im Jahre 1855 eingeführt worden.

Die Prügelstrafe war den Montenegrinern seit Jahrhunderten unbekannt; Prügel galten als so entehrend, daß die Volkssitte dem freien Montenegriner das Recht zusprach, jeden, der ihn durch einen Schlag beschimpfte, zu töten. Fürst Danilo, der den Kriegszustand zwischen den montenegrinischen Stämmen beseitigte und die Staatsgewalt zentralisierte, glaubte dem Diebstahl außerhalb des Stammes, der bisher nicht als Delikt, sondern als Heldentat galt, am wirksamsten dadurch entgegenzutreten, daß er ihm durch Bestrafung mit körperlicher Züchtigung den Stempel der Ehrlosigkeit aufdrückte. Nachdem ein 1845 vorgenommener Versuch, die Prügelstrafe einzuführen, an einem Aufstand der Bevölkerung gescheitert war, erfolgte die Einführung durch das montenegrinische Strafgesetzbuch von 1855, das den Diebstahl (den der Frau erst im dritten Begehungsfall) mit einer nach dem Wert des Gegenstandes abgestuften Zahl von Stockschlägen bestraft. Daneben sind auch einige kleinere Delikte mit Prügelstrafe bedroht. In der Tat soll durch die Prügelstrafe in Verbindung mit anderen drakonischen Bestimmungen der Diebstahl in Montenegro nahezu ausgerottet worden sein.*)

Einige Schweizer Kantone (Aargau 1805, St. Gallen 1838) führten die körperliche Züchtigung für Ausländer, namentlich Landstreicher, ein, anscheinend um diesen Personen den Aufenthalt in den Nachbarkantonen annehmbarer zu machen. Die Bundesgesetzgebung, die 1874 alle körperlichen Strafen untersagte, hatte eine andere Auffassung internationaler Verpflichtung. Nach dem Auslieferungsgesetz des Bundes vom 22. Januar 1892 ist die Auslieferung ausgeschlossen, wenn in dem Lande, das die Auslieferung verlangt, die Prügelstrafe besteht und nicht Umwandlung der zulässigen Prügelstrafe in Geld- oder Freiheitsstrafe zugesichert wird.

Praktische Bedeutung ist den besprochenen Nebenfunktionen der Prügelstrafe somit nicht beizumessen.

## 6. Kapitel.

# Die koloniale Prügelstrafe.

Die koloniale Gesetzgebung der europäischen Staaten ist im Punkt der Prügelstrafe weniger den Bedürfnissen der Kolonie als der Gewohnheit des Mutterlandes gefolgt. Darin stimmen Engländer und Franzosen trotz ihrer entgegengesetzten Kolonisierungsprinzipien überein.

---

*) Die Darstellung beruht auf Popovic, Recht und Gericht in Montenegro, Agram 1877. Eine deutsche Übersetzung des Gesetzbuchs Daniels I ist in Wien 1879 erschienen.

Das Prinzip der englischen Kolonialgesetzgebung ist in der Order for Council für Ost-Afrika von 1902 dahin präzisiert: „daß bei Erlaß von Verordnungen die bestehenden einheimischen Gesetze und Gewohnheiten zu berücksichtigen sind, soweit sie nicht der Gerechtigkeit und Moral zuwiderlaufen“. Diesem Prinzip widerspricht die offenbar auf politischen Motiven beruhende Tendenz, die Prügelstrafe auch gegen den Widerspruch der Eingeborenen und weit über das Recht des Mutterlandes hinaus in Anwendung zu bringen.

Namentlich ist in der für Britisch Indien geltenden Whipping Act von 1864, die durch einige Novellen bis zum Jahre 1905 ergänzt worden ist, der Prügelstrafe ein außerordentlich weites Feld eingeräumt. Gegen Jugendliche kann sie wegen aller Delikte mit Ausnahme der todeswürdigen, gegen Erwachsene von 16 - 45 Jahren wegen einer großen Reihe Delikte, deren Zusammenfassung des leitenden Grundgedankens entbehrt, erkannt werden. Die grausame Anwendung der Prügelstrafe soll eine Ursache der großen Sterblichkeit in den indischen Gefängnissen sein. Daß die praktische Anwendung eine außerordentlich häufige ist, ergeben die großen Zahlen der amtlichen Berichte für die einzelnen Provinzen, zwischen deren Zeilen deutlich zu lesen steht, daß dieser Ausdehnung der Prügelstrafe ein erbitterter Widerstand von den Eingeborenen, sowohl den Magistraten wie der übrigen Bevölkerung, entgegengesetzt wird.*)

In Ceylon stieß ein Erlaß des Gouverneurs, der den häufigen Messerstechereien mit der Prügelstrafe ent-

*) Vergl. z. B. Note on the administration of criminal justice in the province of Oudh 1904, S. 4, Report on the administration of criminal justice in the North-West Frontier Province 1905, S. 5.

gegentrat, auf so heftigen Widerstand, daß er sich genötigt sah, ihn zurückzuziehen. Das Strafgesetzbuch für Ceylon von 1883 wendet die Prügelstrafe in zahlreichen Fällen (Vermögensdelikte, Sittlichkeitsdelikte, Gewalttaten) an. In Ober-Birma ist die Prügelstrafe durch Gesetz von 1898 etwa in dem Umfang des indischen Prügelgesetzes eingeführt worden.

Auch in den afrikanischen Kolonien ist überall körperliche Züchtigung eingeführt, teils durch Spezialgesetze (Goldküste 1892, Sudan 1897, Britisch-Ost-Afrika 1902), teils durch direkte Anwendung des englischen Rechts (Sierra-Leone und Gambia). Eine Ausnahme macht die Kap-Kolonie mit Natal, in der römisch-holländisches Recht gilt und die Kriminalstrafe der körperlichen Züchtigung unbekannt ist. Die Oranjefluß-Kolonie kennt die Prügelstrafe für Erwachsene wie Jugendliche, dagegen dürfte in Transvaal, das während der Zeit der Unabhängigkeit die körperliche Züchtigung gegen Weiße verfassungsmäßig ausschloß, die Prügelstrafe nur mit dieser Einschränkung eingeführt werden.

Im übrigen ist den englischen Kolonien eine Unterscheidung nach Rassen nicht bekannt, obwohl wiederholt, z. B. für Mauritius, eine differenzierte Behandlung der Europäer und Nicht-Europäer gefordert worden ist. In Britisch Guayana findet die Prügelstrafe nur auf Knaben unter 14 Jahren Anwendung, während auf den britischen Inseln West-Indiens englisches Recht gilt.

Die französische Kolonialgesetzgebung verfolgt das Prinzip der Assimilation: die Eingeborenen sollen möglichst rasch zu Franzosen gemacht und mit den Rechten der Franzosen ausgestattet werden. Deshalb ist auf die Erhaltung und Berücksichtigung des einheimischen Rechts wenig Wert gelegt, vielmehr der Code pénal mit wenig Abänderungen in fast allen Kolonien eingeführt. Daneben ist aber in gewissem Umfange die Selbstjustiz der Eingeborenen beibehalten, die prinzipiell nach Eingeborenenrecht verfährt.

Selbstverständlich ist die Prügelstrafe ausgeschlossen, soweit französische Gerichte nach französischem Gesetz Recht sprechen, wie in Algier, Französisch-Kongo, Neu-Kaledonien; aber auch der Selbstjustiz der Eingeborenen ist die Prügelstrafe entweder ausdrücklich verboten oder durch die Aufsicht der französischen Magistrate unmöglich gemacht. Das merkwürdigste Beispiel dieser Übertreibung des Prinzips sind die Gebiete Indochinas, in denen das dem chinesischen nahe verwandte annamitische Strafrecht gilt, welches außer Todesstrafe und Verbannung nur die Strafmittel des großen und des kleinen Bambus kennt. Der Justiz (wie übrigens auch der Verwaltung) gab nach der annamitischen Gewohnheit mehrerer Jahrtausende der Bambus ihren besonderen Charakter, so daß, wie man gesagt hat, ohne die ermunternde Nachhilfe des Stocks überhaupt wenig angeordnet und ausgeführt wurde.

Diesen Rechtszustand beseitigte das Dekret vom 1. November 1901 mit einem Federstrich und ersetzte (übrigens unter Beibehaltung des annamitischen Strafrechts) die körperliche Züchtigung durch die den Eingeborenen unbekannte Gefängnisstrafe.

Ähnlich ist für West-Afrika durch Dekret vom 15. April 1902 die Anwendung der körperlichen Züchtigung untersagt, „die von der französischen Zivilisation verworfen wird“, und durch Dekret für Madagaskar vom 9. Juni 1896 der französische Resident ermächtigt, die Strafverhängung durch die Eingeborenen-Gerichte zu verhindern, „wenn sie den Prinzipien der Humanität, denen unsere Okkupation zum Siege verhelfen soll, zuwiderläuft“. Es bedarf nicht der Erwähnung, daß diese Dekrete in der Praxis wesentlich auf dem Papier geblieben sind, während die Prügelstrafe, namentlich in Indochina, in altem Umfange fortbesteht.*)

In den italienischen und holländischen Kolonien ist die Prügelstrafe, wenigstens nominell, abgeschafft.

Für die deutschen Kolonien in Ost-Afrika, Kamerun und Togo bestimmt die Verfügung des Reichskanzlers vom 22. April 1896, daß körperliche Züchtigung bis zu 50 Hieben nach vorangehender körperlicher und ärztlicher Untersuchung prinzipiell zulässig, gegen Frauen, Araber und Inder ausgeschlossen ist. Die Fälle, in denen auf körperliche Züchtigung erkannt werden darf, sind gesetzlich nicht festgelegt. Doch ist durch die Verfügung des Reichskanzlers bestimmt, daß Eingeborene, die in einem Dienst- oder Arbeitsverhältnis stehen, auf Antrag der Dienst- oder Arbeitgeber wegen fortgesetzter Pflichtverletzung und Trägheit, wegen Widersetzlichkeit oder unbegründeten Verlassens der Dienst- oder Arbeitsstellen und wegen anderer erheblicher Verletzungen des Dienst- oder Arbeitsverhältnisses von den mit Ausübung der Strafgerichtsbarkeit betrauten Beamten disziplinarisch mit körperlicher Züchtigung bestraft werden können. Prinzipiell steht dies Recht nur den Beamten zu, doch sollte nach einem Befehl des Gouverneurs von Ost-Afrika vom 1. Juni 1896 durch die Verfügung des Reichskanzlers „dem nach bisheriger Übung den Dienstherren Eingeborenen

*) Vergl. hierfür z. B. Philastre, Le code annamite I, 117.

gegenüber zustehenden mäßigen Züchtigungsrecht nicht vorgegriffen werden". Unter mäßiger Züchtigung wird Prügelstrafe bis zu 15, Rutenstrafe bis zu 10 Streichen verstanden. Übrigens darf sie gegen ostasiatische Arbeiter nicht angewendet werden.

Da das Züchtigungsrecht gegen Arbeiter, wenn es nur dem Bezirksamtmann zusteht, der Entfernungen wegen meist illusorisch ist, wurde erwogen, ob dem Bezirksamtmann die Befugnis gegeben werden solle, vertrauenswürdigen Ansiedlern die Disziplinargewalt über ihre Arbeiter widerruflich zu übertragen, eine Regelung, die in Neu-Guinea durchgeführt ist.

Weder das englische Prinzip, das die körperliche Züchtigung widerstrebenden Kolonien aufzwingt, noch das französische, das zur Phrase wird, weil es von den lokalen und historischen Bedingungen abstrahiert, können vorbildlich sein. Nur im Zusammenhang mit der Frage der Trennung der Justiz und Verwaltung und der Frage der Selbstjustiz der Eingeborenen kann das Problem der kolonialen Prügelstrafe gelöst werden.

Da die Prügelstrafe jedenfalls beizubehalten ist, soweit sie den Eingeborenen bekannt, und in dem ihnen bekannten Strafensystem ein geeignetes Äquivalent nicht vorhanden ist, bedarf es zur zweckmäßigen Regelung der Frage für die deutschen Kolonien einer genauen Kenntnis des Strafensystems des Eingeborenenrechts, über das eine eindringliche Untersuchung fehlt. Den Eingeborenen fast aller deutschen Kolonien ist die körperliche Züchtigung vertraut, die Freiheitsstrafe unbekannt.

Im Recht der Betschuanen, des Hauptstamms der Bantu (Ost-Afrika und Kamerun) steht Prügelstrafe auf Diebstahl, Ehebruch, Unzucht, Mißhandlung der Gatten untereinander, tritt auch an die Stelle einer nicht beizutreibenden Geld- oder Viehbuße, während bei den übrigen Bantu die Prügelstrafe nur den Ehebrecher trifft, sonst wenig vorkommt.

In dem ausgebildeten Strafrecht der Hottentotten (Südwest) spielt die Prügelstrafe eine bedeutende Rolle, findet namentlich Anwendung bei Ehebruch, Unzucht, Abtreibung, Mißhandlung der Frau, Körperverletzung, Diebstahl und Hehlerei. Im Recht der Herero (Südwest) sind Körperstrafen seltener, das Recht der Papua (Neu-Guinea) bestraft die Ehebrecherin mit Schlägen.

Bei den Marshallinsulanern gehört die körperliche Züchtigung nicht zu den traditionellen Strafarten. Die Prügelstrafe ist daher hier für unzulässig erklärt, darf auch nicht gegen Kinder angewendet werden.

Nimmt man hinzu, daß auch die für die Kolonien wohl notwendige Unterscheidung der Rassen in der Kaiserlichen Verordnung von 1896 gemacht ist, so dürfte sich ergeben, daß die deutsche Kolonialgesetzgebung im Punkte der Prügelstrafe den Prinzipien richtiger Kriminalpolitik am nächsten kommt.

---

## 7. Kapitel.

# Disziplinar- und Ordnungsstrafe.

Das Disziplinarmittel der körperlichen Züchtigung läßt eine andere Beurteilung als die Kriminalstrafe zu. Hier kommen die den Prügeln eigentümlichen Vorzüge zum Vorschein: die schnelle und eindringliche Wirkung, der rasche Willensbrecher, die Furcht vor sofortiger

Wiederholung der Strafe. Der Gefängnisbeamte lernt die Individualität besser kennen als der Richter. Die zur Brechung des Widerstandes sonst üblichen Disziplinarmittel (z. B. Lattenarrest, Kostschmälerung) sind zum Teil gesundheitsschädlicher als die körperliche Züchtigung. Auch handelt es sich um nüchterne Personen, die bei vollem Bewußtsein sich gegen die Disziplin aufgelehnt haben. Endlich muß die Gefängnisdisziplin unbedingt und mit jedem Mittel aufrecht erhalten werden. Sollte dazu die körperliche Züchtigung erforderlich sein, so würde ihre Zulassung keinem erheblichen Bedenken unterliegen.

Indes ist die Bedürfnisfrage zu verneinen. In Deutschland ist die Prügelstrafe nur in Preußen, Sachsen, Mecklenburg, Schwarzburg-Rudolstadt, Oldenburg, Hamburg, Lübeck zugelassen, während sie in den übrigen Staaten, also in ganz Süddeutschland, beseitigt ist. Ein großer Teil des Auslands (Frankreich, Italien, Belgien, Spanien, Österreich, Ungarn, Kroatien, Bosnien, Japan) schließt die körperliche Züchtigung von den Disziplinarmitteln prinzipiell aus. Auch in Deutschland wird dies Disziplinarmittel von der Mehrzahl der Gefängnisdirektoren für nicht erforderlich erachtet, übrigens auch vielfach in Strafanstalten, in denen es zulässig ist, nicht angewendet.

Die körperliche Züchtigung hat daher auch als Disziplinarmittel unbedingt auszuscheiden.

Die Verwendung der körperlichen Züchtigung als richterliche Ordnungsstrafe brauchte nicht erwähnt zu werden, wenn man sie nicht im Ernst auch für Deutschland neuerdings empfohlen hätte.*) In der deutschen

*) Krausse, Die Prügelstrafe, 1899, S. 136.

Kleinstaaterei hat sie hier und da eine Rolle gespielt. Eine bayrische Instruktion von 1808 ermächtigte den Untersuchungsrichter zu körperlicher Züchtigung, wenn sich der Beschuldigte bei dem Verhör in Drohungen und Schmähreden erging oder Ungehorsam zeigte. Das schon erwähnte kurhessische Gesetz von 1853 ließ dieselbe Strafe zu, wenn der Delinquent vor Gericht oder im Arrestlokal oder bei der Vorführung sich grober Ungebührlichkeit schuldig machte. Wo das Gesetz eine Lücke ließ, half gelegentlich die Gerichtspraxis nach und prügelte den Untersuchungsgefangenen wegen widerspenstigen oder injuriösen Betragens.*) In das moderne Prozeßverfahren paßt dies Anhängsel der polizeistaatlichen Prügelstrafe nicht hinein. Es mag auf seinen heutigen Geltungsbereich in China beschränkt bleiben.

---

*) So in Württemberg (C. G. Wächter, Die Strafarten und Strafanstalten des Königreichs Württemberg 1832, S. 180 Anm. 14). Wurde doch Friedrich List bei der Weigerung, sich in dem 1821 gegen ihn schwebenden politischen Prozeß auf die Anschuldigung zu erklären, mit Stockprügeln bedroht.

# Schluss.

Die vergleichende Darstellung führt zu dem Schluß, daß dem Verlangen der Prügelstrafe, wie es von Zeit zu Zeit im deutschen Parlament auftaucht, auch sonst von Theoretikern und Praktikern manchmal stürmisch geäußert wird, nicht differenzierende kriminalpolitische Erwägung, sondern ein programmatisches Schlagwort zugrunde liegt, ein gefühlsmäßiger Protest gegen die vom Unverstand gescholtene Stufe der Humanität, die durch die leidenschaftliche und harte, gerade in der Geschichte der Prügelstrafe deutlich sichtbare Arbeit der Jahrhunderte erreicht ist.

Auf den Verhandlungen des Vereinigten Ständischen Ausschusses in Preußen tat am 24. Januar 1848 ein Abgeordneter über die Prügelstrafe die Äusserung: „Werden wir uns jetzt zur Milde wenden, so werden gewiß unsere Nachkommen in fünfzig Jahren, wenn sie ein neues Gesetzbuch beraten sollten, sich nicht bewogen finden, wieder darauf zurückzukommen." Die fünfzig Jahre sind verstrichen. Das neue Strafgesetzbuch steht zur Beratung. Wir haben keinen Anlaß, auf die Prügelstrafe wieder zurückzukommen.

# Sachregister.

## 1. Länder.

## 2. Personen.

Druck von Otto Walter in Berlin S. 14.

FSC
www.fsc.org
MIX
Papier | Fördert gute Waldnutzung
FSC® C083411

Kolibri 360 GmbH
Ferdinand-Jühlke-Straße 7
99095 Erfurt, Deutschland
produktsicherheit@kolibri360.de